■ Rezeptübersicht

Brötchen bitte immer auf Ober- / Unterhitze backen!

🟥 Partybrötchen-Mix

Zutaten:

180 g Dinkelkörner
½ TL Brotgewürz
300 g Weizenmehl
½ Würfel Hefe
260 g Wasser, lauwarm
1 TL Salz
1 Prise Zucker

Zum Bestreuen: geriebener
Käse, Mohn, Kürbiskerne,
Sonnenblumenkerne, o.ä.

Zubereitung:

- Dinkelkörner und Brotgewürz im Mixtopf **40 Sek./Stufe 10** mahlen.
- Restliche Zutaten hinzufügen und **1:30 Min./Teigstufe** vermengen.
- Den Teig in 15 Portionen teilen und aus jeder Teigportion eine Kugel formen und in Körner oder Käse eintauchen.
- Die Brötchen mit fingerbreitem Abstand auf ein mit Backpapier belegtes Blech geben und ca. 15 Min. gehen lassen.
- Im vorgeheizten Backofen bei 200°C ca. 25 Min. backen.

🟥 Körner-Kringel

Zutaten:

100 g Weizenkörner
50 g Sonnenblumenkerne
350 g Mehl
1 EL Essig
1 EL Öl
1 Würfel Hefe
230 g Wasser, lauwarm
1 TL Salz
1 Prise Zucker
Etwas Kräuterbutter

Zubereitung:

- Weizen und Sonnenblumenkerne im Mixtopf **30 Sek./Stufe 10** mahlen.
- Restliche Zutaten, bis auf die Kräuterbutter hinzufügen, und **2 Min./Teigstufe** vermengen.
- Den Teig in 15 Portionen teilen. Aus jeder Teigportion eine Rolle (ca. 20 cm lang) formen und einrollen.
- Auf ein mit Backpapier belegtes Blech geben und in die Mitte ein Stück Kräuterbutter darauf setzen.
- Im vorgeheizten Backofen bei 200°C ca. 15-20 Min. backen.

Vollkorn-Weckerl

Zutaten:

300 g Weizenkörner
100 g Wasser
1 TL Honig
1 Würfel Hefe
320 g Weizenmehl Type 405
300 g Naturjoghurt (1,5 - 3,8%)
1 EL Essig
2 EL Öl, neutral
2 TL Salz
Zum Bestreuen: Sesam,
Leinsamen, Mohn, o.ä.

Zubereitung:

- Weizenkörner in den Mixtopf geben und **40 Sek./Stufe 10** fein mahlen. Umfüllen.
- Wasser, Hefe und Honig zugeben und **45 Sek./37°C/Stufe 4** verrühren.
- Restlichen Zutaten hinzugeben und **2 Min./Teigstufe** kneten.
- Den Teig in 10 Portionen teilen und daraus kleine Weckerl formen. Die Enden sollten dabei spitz zulaufen.
- Mit Körnern bestreuen und im vorgeheizten Backofen bei 200°C ca. 25-30 Min. backen.

Brezenbällchen

Zutaten Teig:

250 g Weizenmehl Type 550
250 g Weizenmehl Type 405
1 TL Salz
½ Würfel Hefe
290 g Wasser
1 EL Margarine

Für die Lauge:

1 L Wasser
45 g Natron

Zubereitung:

- Alle Zutaten für den Teig in den Mixtopf geben und **2 Min./Teigstufe** verarbeiten. Den Teig zu kleinen Bällchen formen.
- Für die Lauge das Wasser in einem Kochtopf kurz aufkochen, Natron hinzugeben und vom Herd nehmen.
- Die Teigbällchen 30 Sek. darin baden und auf ein mit Backpapier belegtes Backblech setzen.
- Im vorgeheizten Backofen bei 180°C ca. 20 Min. backen.

■ Saucen für Raclette oder Fondue

Curry-Bananen-Sauce

Zutaten:

½ Banane
40 g Naturjoghurt
2 EL Schmand
1 EL Mayonnaise
3 TL Currypulver

Asia-Sauce (ohne Bild)

Zutaten:

3 EL Tomatenketchup
2 EL Worcestersauce
2 EL Sojasauce
2 TL Senf, mittelscharf
1 TL Chilisauce, scharfe
3 EL Reiswein

Rote Teufelssauce

Zutaten:

2 EL Tomatenmark
2 EL Tomatenketchup
2 EL Olivenöl
1 EL Essig
1 EL Wasser
15 Tropfen Tabasco
½ TL Salz
½ TL Currypulver
1 Prise Zucker
1 Prise Zimt
1 TL Paprikapulver, scharf

Hot-Honey-Sauce (ohne Bild)

Zutaten:

300 g Ketchup
3 EL Honig, z. B. Waldhonig
1 TL Sambal Oelek
1 EL Schnittlauch, gehackt
1 EL Petersilie, gehackt
1 TL Curry
½ TL Knoblauchpulver
1 Prise Salz
1 Prise Pfeffer

Curry-Bananen-Sauce

Teufelssauce

Zubereitung jeweiligen Sauce:

• Alle Zutaten in den Mixtopf geben und **10 Sek./Stufe 4** vermengen.

 # Käseterrine

Für 12
Personen

Zutaten:

9 Blatt Gelatine
1 Knoblauchzehe
300 g Frischkäse
300 g Kräuterfrischkäse
600 g Schmand (oder je
zur Hälfte saure Sahne und
Creme fraiche)
1 TL Salz
½ TL Pfeffer
1 EL Schnittlich, gehackt
1 Rote Paprikaschote, in
Stücken
1 EL Tomatenmark
1 EL Paprikapulver, edelsüß

 Tipp: Diese Terrine passt ideal zu einem kalten Buffet oder Sie servieren die Terrine mit Kräckern.

Zubereitung:

- Gelatine in kaltem Wasser ca. 10 Min. einweichen. In der Zwischenzeit eine Kastenform mit Frischhaltefolie auskleiden.
- Knoblauchzehe in den Mixtopf geben und **6 Sek./Stufe 5** zerkleinern.
- Eingeweichte Gelantine hinzugeben und **40 Sek./60°C/Stufe 1** auflösen.
- Frischkäse hinzugeben und **25 Sek./Stufe 3** verrühren.
- Schmand, Salz, Peffer und Schnittlauch hinzugeben und **40 Sek./Stufe 4** verrühren.
- Die Hälfte der Masse in die Kastenform füllen.
- Zur 2. Hälfte Paprika, Tomatenmark und Paprikapulver hinzufügen und **8 Sek./Stufe 8** pürieren. Mit einem Spatel Reste vom Mixtopfrand nach unten schieben und nochmal **2 Min./60°C/Stufe 2** erwärmen.
- Restliche Masse vorsichtig in die Kastenform füllen und für ca. 5-6 Std. in den Kühlschrank stellen.
- Die Terrine stürzen und mit Schnittlauch bestreuen.

Feta-Aufstrich

Zutaten:

3 Knoblauchzehen
1 Rote Paprikaschote,
in Stücken
200 g Feta, in Stücken
200 g Frischkäse
1 EL Olivenöl
½ TL Oregano
1 TL Kräuter d. Provence

Zubereitung:

- Knoblauch in den Mixtopf geben und **7 Sek./Stufe 5** klein hacken.
- Paprika hinzufügen und **3 Sek./Stufe 5** zerkleinern.
- Restliche Zutaten hinzufügen und **5 Sek./Stufe 4** vermengen.

Würziger Hüttenkäse

Zutaten:

3 Frühlingszwiebeln, in Stücken
200 g Körniger Frischkäse
Je ½ TL Currypulver, Oregano,
Thymian, Paprikapulver,
Je 1 Prise Cayennepfeffer,
Knoblauchpulver, Salz, Zucker,
Pfeffer
2 Spritzer Zitronensaft
2 EL Crème fraîche

Zubereitung:

- Frühlingszwiebel in den Mixtopf geben und **5 Sek./Stufe 6** zerkleinern.
- Restliche Zutaten hinzufügen und **5 Sek./Stufe 4** vermengen.

Walnuss-Obatzter

Zutaten:

35-40 g Tomaten (in Öl eingelegt), gut abgetropft
20 g Walnusskerne
180 g Camenbert
150 g Frischkäse
1 EL Butter, weich
40 g Milch
1 Prise Salz
1 Prise Pfeffer

Zubereitung:

*   Tomaten in den Mixtopf geben und **5 Sek./Stufe 5** zerkleinern.
*   Walnusskerne hinzufügen und **2 Sek./Stufe 5** klein hacken.
*   Restliche Zutaten hinzufügen und **5 Sek./Stufe 4** vermengen.

Schinken-Aufstrich

Zutaten:

½ Zwiebel
1 Handvoll Petersilie
150 g Kochschinken, in Stücken
200 g Frischkäse
1 TL Kräutersalz

Zubereitung:

*   Zwiebel und Petersilie in den Mixtopf geben und **4 Sek./Stufe 5** klein hacken.
*   Schinken hinzufügen und **4 Sek./Stufe 5** zerkleinern.
*   Restliche Zutaten hinzufügen und **6 Sek./Stufe 3** vermengen.

Tipp: Die perfekte Ergänzung für Ihre Käseplatte!

Käsesalat mit Trauben

6 kleine Portionen

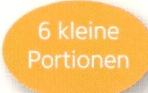

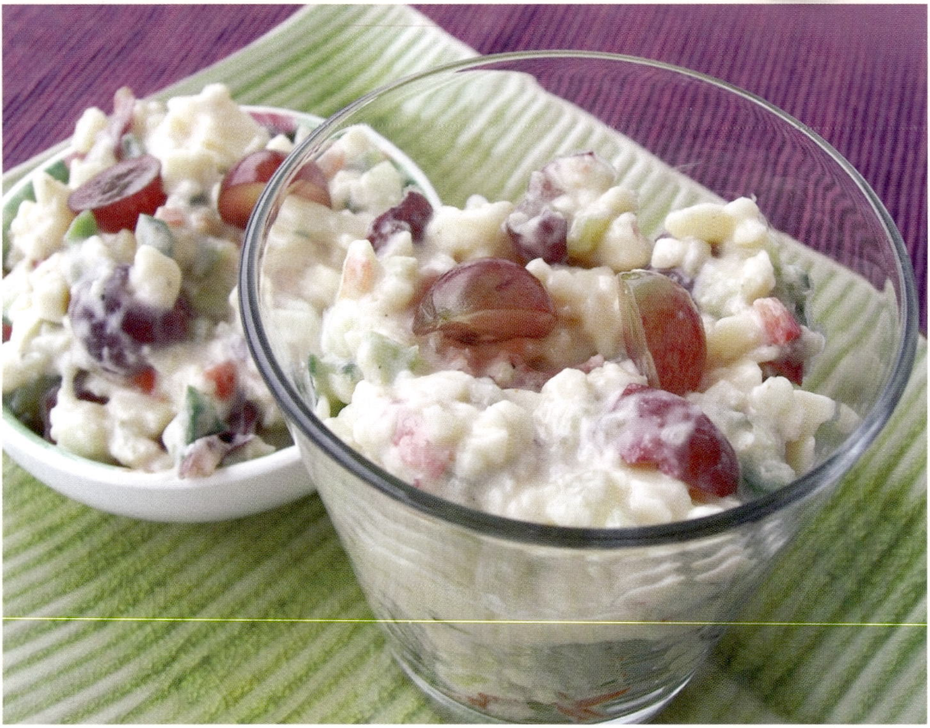

Zutaten:

400 g Gouda, in Stücken
150 g Gurke, mit Schale, in Stücken
150 g Paprika, in Stücken, grün und rot, gemischt
50 g Mayonnaise
70 g Joghurt, 1,5 %
1 Prise Zucker
1 Prise Paprika, edelsüß
1 Prise Pfeffer
1 Prise Salz
1 EL Weissen Balsamico
180 g Rote Trauben, kernlos, halbiert

Zubereitung:

- Käse in den Mixtopf geben und **3 Sek./Stufe 6** zerkleinern und umfüllen.
- Gurke und Paprika **4 Sek./Stufe 4** zerkleinern.
- Käse und Restliche Zutaten hinzufügen und **4 Sek./ ⟲/Stufe 4** vermengen.

■ Fruchtiger Krabbencocktail

6 kleine Portionen

Zutaten:

1 Rote Zwiebel, halbiert
10 g Öl
2 Eier (hartgekocht)
50 g Mayonaise
30 g Naturjoghurt
20 g Tomatenketchup
1 TL Weinbrand
1 TL Curry
je 1 Prise Salz, Cayenne-pfeffer, Zucker
1 Dose Mandarinen (Abtropfgewicht 175 g)
200 g Krabben

Zubereitung:

- Zwiebel in den Mixtopf geben und **3 Sek./Stufe 5** zerkleinern.
- Öl zugeben und **2 Min./Varoma/Stufe 1** andünsten.
- Eier, Mayonaise, Joghurt, Ketchup, Weinbrand und Gewürze hinzufügen und **2 Sek./Stufe 3** vermengen.
- Mandarinen und Krabben hinzugeben und **7 Sek./ ⟲ /Stufe 2** unterrühren.

Tipp: Wenn Sie den Krabbencocktail schon einige Zeit vor der Party zubereiten möchten, geben Sie die Mandarinen erst kurz vor dem Servieren hinzu, da die Mandarinen an Flüssigkeit verlieren.

■ Reisalat mit Banane

Für 4
Personen

Zutaten:

250 g Reis (Basmati)
500 g Wasser, gut warm
1 EL Gemüsebrühe
1 Zwiebel, halbiert
20 g Öl
1 Gelbe Paprika, in Stücken
1 Grüne Paprika, in Stücken
1 TL Salz
2 Prisen Pfeffer
1 TL Gemüsebrühe
1 TL Curry
3 EL Essig
50 g Mayonnaise
1 Banane

Tipp: Statt Banane können Sie auch Ananas oder Mandarinen verwenden. Der Salat passt gut zu einem kalten Buffet oder zu gegrilltem Hähnchenfleisch.

Zubereitung:

- Reis ins Garkörbchen einwiegen und unter dem laufenden Wasserhahn wässern.
- Wasser und Gemüsebrühe in den Mixtopf geben und Garkörbchen mit Reis einsetzen. Mixtopf verschließen Nun **22 Min./Varoma/Stufe 1** garen.
- Reis in eine Schüssel füllen und Mixtopf kurz mit Wasser ausspülen.
- Zwiebel in den Mixtopf geben und **3 Sek./Stufe 5** zerkleinern.
- Öl zugeben und **2 Min./Varoma/Stufe 1** dünsten. Gedünstete Zwiebel über den Reis geben.
- Paprikaschoten in den Mixtopf geben und **2 Sek./Stufe 5** zerkleinern.
- Restliche Zutaten (bis auf die Banane) zugeben und **3 Sek./ ⟳ /Stufe 3** vermischen.
- Zum Reis geben und gut durchmischen. Zum Schluss die Banane in Scheiben schneiden und unterheben.

■ Nudelsalat Hawaii

Für 4
Personen

Zutaten:

500 g Korkenzieher-Nudeln
350 g Mayonnaise
2 EL Essig
1 TL Salz
½ TL Pfeffer
200 g Kochschinken, in
Würfel geschnitten
1 Bund Lauchzwiebeln, in
Ringe geschnitten
1 kl. Dose Ananas in Stücken

Zubereitung:

*   Nudeln nach Packungsanweisung in
    kochendem Salzwasser garen, absieben
    und in eine große Schüssel füllen.
*   Mayonnaise, Essig, Salz und Pfeffer
    10 Sek./Stufe 4 verrühren.
*   Schinken, Lauchzwiebeln und
    Ananasstücke hinzugeben und
    15 Sek./ ↻ /Stufe 4 vermengen.
*   Masse über die Nudeln geben und noch-
    mal gut vermischen und etwas ziehen
    lassen.

*Tipp: Dieser Nudelsalat ist perfekt für Ihre Grillparty
oder einfach zum kalten Buffet !
Kann bereits 1 Tag vorher schon zubereitet werden.
Bitte dann im Kühlschrank aufbewahren.*

■ Hähnchensalat Thousand Islands

Zutaten:

500 g Wasser
1 EL Gemüsebrühe
800 g Hähnchenbrust,
in mundgerechte Stücke
geschnitten
3 Eier
2 Zwiebeln, halbiert
1 Rote Paprikaschote,
in Stücken
8 Cornichons
400 g Vollmilch-Joghurt
100 g Salatcreme
70 g Tomatenketchup
½ TL Salz
Je 1 Prise Pfeffer &
Paprikapulver, edelsüß
1 Dose Ananasstücke
(425 ml), gut abgetropft
200 g Champignons,
in Scheiben geschnitten
Salatblätter zum Garnieren

Zubereitung:

*   Wasser und Brühe in den Mixtopf geben. Garkörbchen mit den Eiern einhängen. Hähnchenbruststücke salzen und pfeffern. In den Varoma legen. Die Hälfte unten, die andere Hälfte auf den Einlegeboden und **16 Min./Varoma/Stufe 1** garen.
*   Mixtopf leeren, Eier abschrecken und Fleisch abkühlen lassen.

Zubereitung Dressing:

*   Zwiebel, Paprika und Cornichons in den Mixtopf geben, **2 Sek./Stufe 5** zerkleinern und in eine große Schüssel umfüllen.
*   Von der zerkleinerten Masse wieder 2 EL zurück in den Mixtopf und zusammen mit Joghurt, Salatcreme, Ketchup und Gewürzen **10 Sek./Stufe 8** pürieren.
*   Dressing wieder in die Schüssel geben, Ananasstücke und Champignons hinzufügen und vermischen.
*   Eier in Stücke schneiden und zusammen mit dem Fleisch unter den Salat mischen. Ca. 1 Std. ziehen lassen.
*   Eine Schüssel mit Salatblättern auslegen und den fertigen Salat einfüllen. Fertig!

■ Scharfer Krautsalat

Für 6
Personen

Zutaten:

**1.200 g Weißkraut, in
Stücken
150 g Karotten, in Stücken
2 Gelbe Paprikaschoten, in
Stücken
1 rote Chilischote, entkernt und
in Stücke geschnitten
2 Zwiebeln, halbiert
50 g Öl
200 g Erbsen (TK)
150 g Wasser
200 g Curryketchup
50 g Essig
1 Kopf Eisbergsalat,
in Streifen geschnitten**

Zubereitung:

• Weißkraut in 4 Portionen mit je 300 g
  aufteilen und jeweils einzeln im
  Mixtopf **4 Sek./Stufe 5** zerkleinern.
  In eine große Schüssel umfüllen.
• Kartotten und Paprika **3 Sek./Stufe 5**
  zerkleinern und zum Kraut geben.
• Chilischote **7 Sek./Stufe 6** klein hacken.
• Zwiebel hinzufügen und **5 Sek./Stufe 5**
  zerkleinern.
• Öl und Erbsen zugeben und
  8 Min./Varoma/ ⟳ /Stufe 1 garen.
• Wasser, Essig und Ketchup hinzufügen und
  6 Min./100°C/ ⟳ /Stufe 1 kochen.
• Sauce über das Kraut geben und durch-
  mischen. Ca. 2 Std. ziehen lassen.
• Kurz vor dem Servieren den Eisbergsalat-
  daruntermischen.

■ Kartoffelschichtsalat

Zutaten:

1 Zwiebel, halbiert
500 g Wasser
1 EL Gemüsebrühe
4 Eier
1 kg Kartoffeln
200 g Erbsen (TK)
1 Dose Ananasstücke
(425 ml)
1 kl. Eisbergsalat,
in Streifen geschnitten
1 Glas Selleriesalat
(370 ml)
250 g gekochter Schinken,
in Streifen geschnitten

Zutaten Dressing:

50 g Ananassaft (von
den abgetropfen Anan-
as-stücken verwenden)
300 g Salatcreme
300 g Naturjoghurt
40 g Essig
1 EL Zitronensaft
1 TL Salz
½ TL Pfeffer

Zubereitung Dressing:

• Ananassaft, Salatcreme,
Naturjoghurt, Essig,
Zitronensaft, Salz und Pfeffer
in den Mixtopf geben und
7 Sek./Stufe 4 verrühren.

Zubereitung:

• Zwiebel in den Mixtopf geben und
5 Sek./Stufe 5 zerkleinern.
• Wasser und Gemüsebrühe hinzufügen und
Garkörbchen mit den Eiern befüllt einhängen. **15 Min./Varoma/Stufe 1** garen.
• In der Zwischenzeit Kartoffeln schälen und
in ca. 5-10 mm dicke Scheiben schneiden.
• Die fertig gegarten Eier abschrecken (dann
in Scheiben schneiden) und die restliche
Garflüssigkeit aus dem Mixtopf in einen
Kochtopf geben. Mit 500 g Wasser auffül-
len. Zum Kochen bringen und die Kartoffelscheiben zusammen mit den Erbsen ca.
10 Min. kochen, bis die Kartoffeln weich
sind.
• Alle Zutaten im Wechsel mit dem Dressing
in ein hohes Glas schichten.
• Vor dem Servieren, mindestens 3-4 Std.
ziehen lassen.

■ Fleischsalat

Zutaten:

2 Zwiebeln, geviertelt
100 g Apfel, säuerlich,
in Spalten
1 kl. Glas Cornichons
(Abtropfgewicht 190g)
100 g Naturjoghurt
200 g Mayonnaise
1 TL Salz
½ TL Pfeffer
Einige Spritzer
Worcestersauce
600 g Fleischwurst,
in Streifen geschnitten

Zubereitung:

*   Zwiebel in den Mixtopf geben und
    5 Sek./Stufe 5 klein hacken.
*   Apfel und Cornichons hinzufügen und
    3 Sek./Stufe 5 zerkleinern.
*   Restliche Zutaten (außer die Fleischwurst)
    zugeben und **3 Sek./ ⟳ /Stufe 3** ver-
    mengen.
*   Die Masse in eine Schüssel füllen,
    Fleischwurst hinzugeben und gut
    durchrühren.
*   Den Fleischsalat vor dem Servieren
    ca. 2 Std. ziehen lassen.

*Kann bereits 1 Tag vorher schon
zubereitet werden. Bitte dann im
Kühlschrank aufbewahren.*

■ Grissini

Ergibt
20 Stück

Zutaten Teig:

500 g Mehl
1 P. Trockenhefe
280 g Wasser
2 TL Salz
3 EL Olivenöl

Zum Bestreuen:

Sesam, Mohn, grobes
Meersalz, Rosmarin,
Thymian oder sonstige
Kräuter.

*Tipp: Bestreuen
Sie doch Ihre Grissini
auch mal mit würzigem
Bergkäse.*

Zubereitung:

- Alle Teigzutaten in den Mixtopf geben und **1 Min./Teigstufe** kneten.
- Den Teig im Mixtopf ca. 10 Min. ruhen lassen und erneut **20 Sek./Teigstufe** kneten.
- Den Teig auf einer bemehlten Arbeitsfläche zu einem Rechteck von ca. 1 cm Dicke ausrollen. Mit einem sauberen Geschirrtuch abgedeckt ca. 10 Min. gehen lassen.
- Teig in ca. 1 cm breite Streifen schneiden und jeweils etwas rund rollen.
- Die Grissini auf einen mit Backpapier belegten Backrost geben, mit Wasser bestreichen und nach Belieben mit Saaten oder Gewürzen bestreuen.
- Im vorgeheizten Backofen bei 200°C Heißluft ca. 15 Min. backen und auskühlen lassen.

■ Kartoffel-Schmand-Taler

Zutaten Teig:

200 g Kartoffeln,
gekocht, geschält, erkaltet
240 g Mehl
½ **Würfel Hefe**
60 g Wasser
2 EL Olivenöl
1 Prise Zucker
½ **TL Meersalz**

Für den Belag:

100 g Kartoffeln, in
dünne Scheiben gehobelt
100 g Schmand
Etwas frisch gemahlenen
Pfeffer

Zubereitung:

- Backofen auf 200°C Heißluft vorheizen.
- Alle Zutaten für den Teig in den Mixtopf geben und **1:30 Min./Teigstufe** verarbeiten.
- Aus dem Teig kleine Fladen formen und auf einen mit Backpapier belegten Backrost geben.
- Schmand mit einem Esslöffel auf die Teigfladen streichen und mit den Kartoffelscheiben belegen.
- Im vorgeheizten Backofen ca. 15 Min. goldgelb backen.
- Vor dem Servieren mit Pfeffer bestreuen.

 Ein wirklich leckerer Snack für die Weinparty mit Freunden! Kann sowohl warm als auch kalt genossen werden.

■ Mini-Quiches

Ergibt
12 Stück

Zutaten:

Für den Guss:
200 g Schmand
1 Ei
100 g Bergkäse, gerieben
1 TL Paprikapulver, scharf
1 TL Paprikapulver, edelsüß

Für den Teig:
200 g Mehl
2 TL Backpulver
100 g Quark
75 g Milch
30 g Öl
1 TL Salz

Für den Belag:
1 kl. Zwiebel, halbiert
40 g Tomaten, getrocknet,
in Öl eingelegt
200 g Paprika, in Stücken,
rot/und gelb, gemischt
100 g Zucchini, in Stücken
100 g Schinken
½ TL Salz
1 TL Oregano
1 Prise Pfeffer

Zubereitung:

1. Guss zubereiten:

- Käse **15 Sek./Stufe 6** fein reiben.
- Restliche Zutaten für den Guss hinzufügen und **5 Sek./Stufe 4** vermengen. Umfüllen, Mixtopf kurz mit Wasser ausspülen.

2. Teig zubereiten:

- Alle Teigzutaten in den Mixtopf geben und **1 Min./Teigstufe** verarbeiten.
- Den Teig auf eine bemehlte Arbeitsfläche geben und in 12 Portionen teilen.
- Eine Muffinform mit 12 Mulden einfetten und den Teig darin verteilen. Dabei jeweils auch einen kleinen Rand andrücken. (Am besten jede Teigportion zu einem kleinen Kreis ausrollen und diesen in die Form legen.)

3. Zubereitung Belag:

- Zwiebel und getrocknete Tomaten im Mixtopf **6 Sek./Stufe 5** zerkleinern.
- Restliche Belagzutaten zugeben und **3 Sek./Stufe 5** vermengen.
- Den Belag in die mit Teig ausgekleideten Muffinmulden geben (je 1-2 EL) und mit dem Guss übergießen.
- Die Mini-Quiches im vorgeheizten Backofen bei 180°C ca. 15-20 Min. backen.

■ Mexiko-Schnecken   ■ Mini-Flammkuchen

Ergibt
10-12 Stück

Zutaten:

Für den Teig:

400 g Mehl
½ Würfel Hefe
½ TL Zucker
1 TL Salz
220 g Wasser

Für den Belag:

200 g Feta, in
Stücken
4 EL Saure Sahne
2 EL Ajvar
2 TL Paprikamark
½ TL Salz
2 Prisen Cayenne-
pfeffer

Zutaten:

Für den Teig:

400 g Mehl
½ Würfel Hefe
1 TL Salz
180 g Wasser
50 g Öl

Für den Belag:

200 g Schmand
3 Frühlingszwiebeln,
in Scheiben ge-
schnitten
150 g Speckwürfel
Etwas frisch
gemahlenen Pfeffer

Zubereitung:

*   Alle Teigzutaten in den Mixtopf
    geben und **2 Min./Teigstufe** ver-
    arbeiten. Teig auf einer bemehlten
    Arbeitsfläche zu einem Rechteck
    ausrollen.
*   Zutaten für den Belag im Mixtopf
    15 Sek./Stufe 4 zerkleinern
    und gleichmäßig auf den Teig
    streichen.
*   Teig von der langen Seite her
    aufrollen und vorsichtig kleine
    Scheiben abschneiden.
*   Diese auf einen mit Backpapier
    belegten Backrost legen und im
    vorgeheizten Backofen bei 200°C
    Heißluft ca. 20 Min. backen.

Zubereitung:

*   Alle Teigzutaten in den Mixtopf
    geben und **2 Min./Teigstufe** verar-
    beiten.
*   Teig mit den Händen zu kleinen
    Fladen formen und auf einen mit
    Backpapier belegten Backrost set-
    zen.
*   Je 1 TL Schmand darauf geben und
    mit Speckwürfeln und Frühlings-
    zwiebeln belegen.
*   Im vorgeheizten Backofen bei 200°C
    Heißluft ca. 10 Min. backen.
*   Vor dem Servieren noch mit etwas
    frisch gemahlenen Pfeffer be-
    streuen.

■ Lachshäppchen

Ergibt
25 Stück

Zutaten Creme:

200 g Frischkäse
1 TL Kräuter, gemischt
1 EL Meerrettich (Glas)
1 Prise Salz
1 Prise Weißer Pfeffer
Einige Spritzer Zitronensaft
20 g Räucherlachs

Weitere Zutaten:

180 g Räucherlachs
25 Kräcker
Salatblätter
Zitronenspalten

Zubereitung:

*   Alle Cremezutaten in den Mixtopf geben und **15 Sek./Stufe 4** vermengen.
*   Kräcker mit einem Stück Salatblatt belegen, ein Stück Lachs daraufsetzen.
*   Die Creme mit Hilfe eines Spritzbeutels auf den Lachs spritzen und mit Zitronenspalten garnieren.

 Tipp: Zusätzlich können Sie noch mit frischem Dill garnieren.

Gefüllte Nudelschiffchen

Ergibt
14 Stück

Zutaten:

14 Große Muschelnudeln
7 Cocktailtomaten, halbiert
4 Basilikumblätter
40 g Tomaten, getrocknet,
in Öl eingelegt
50 g Rote Paprika,
in Stücken
1 TL Tomatenmark
150 g Frischkäse

Zubereitung:

*   Nudeln laut Packungsanweisung in reichlich Salzwasser al dente kochen, absieben und abkühlen lassen.
*   Basilikumblätter und die getrockneten Tomaten in den Mixtopf geben und **3 Sek./Stufe 6** zerkleinern.
*   Paprika, Tomatenmark und Frischkäse hinzufügen und **3 Sek./Stufe 5** vermengen.
*   Die Masse in die gekochten Nudeln füllen und mit je einer halben Cocktailtomate garnieren.

■ Spinat-Feta-Taschen

Ergibt
8 Stück

Zutaten:

1 Zwiebel, halbiert
450 g Rahmspinat
(TK, portionierbar)
400 g Feta, in Stücken
½ TL Curry
1 Prise Salz
1 Prise Pfeffer
2 Packungen Blätterteig
aus der Kühltheke
2-3 EL Naturjoghurt
Sesamkörner

Zubereitung:

*   Backofen auf 200°C Heißluft vorheizen.
*   Zwiebel im Mixtopf **5 Sek./Stufe 5** zerkleinern.
*   Spinat hinzufügen und **5 Min./90°C/Stufe 1** erwärmen.
*   Feta und Gewürze zugeben, **6 Sek./Stufe 4** verrühren.
*   Blätterteig ausrollen, vertikal in 4 breite Streifen schneiden.
*   3-4 EL der Spinat-Feta-Masse auf eine Seite eines jeden Teigstreifens geben und zusammen-klappen.
*   Am Rand gut festdrücken, auf der Oberseite einschneiden und mit Joghurt einstreichen.
*   Mit viel Sesamkörner bestreuen und im vorge-heizten Backofen ca. 20 Min. backen.

Schmeckt sowohl warm, als auch kalt!

sehr lecker &

Bratwursthörnchen

Ergibt
12 Stück

Zutaten:

1 Zwiebel, halbiert
1 EL Öl
2 Paar rohe Bratwürste
100 g Speckwürfel
1 Glas Champignons
(Abtropfgewicht: 200 g)
2 Prisen Pfeffer
2 P. Blätterteig aus der
Kühltheke
12 Scheiben Kochschinken

Zubereitung:

- Ofen auf 180°C Heißluft vorheizen.
- Zwiebel im Mixtopf **5 Sek./Stufe 5** zerkleinern.
- Öl zugeben und **2 Min./Varoma/Stufe 1** dünsten.
- Das Brät der Bratwürste ausdrücken und in den Mixtopf geben. Speck, Champignons und Pfeffer zugeben und **3 Sek./ 🔄 /Stufe 4** vermengen.
- Jede Packung Blätterteig in 6 Teile teilen und jeweils eine Scheibe Schinken darauflegen.
- Ca. 2 EL der Masse in die Mitte geben und aufrollen.
- Auf einen mit Backpapier belegten Rost geben und im vorgeheizten Backofen ca. 15 Min. backen.

Schmeckt sowohl warm,als auch kalt!

■ Chili-Tortilla-Auflauf

Für 6 Personen

Zutaten:

200 g Käse, in Stücken
Je 1 Dose (425 ml) Kidney-
bohnen und weiße Bohnen
1 Zwiebel, halbiert
1 Knoblauchzehe
1 rote Paprikaschote, in Stücken
1 gelbe Paprikaschote, in Stücken
1 grüne Paprikaschote, in Stücken
10 g Tomatenmark
1 Dose stückige Tomaten, (400g)
1 TL Cayennepfeffer
1 TL Salz
1 Prise Zucker
200 g Schmand
100 g Tortilla-Chips

Zutaten Hackbällchen:

1 Zwiebel, halbiert
500 g Hackfleisch
60 g Semmelbrösel
1 Ei
Salz & Pfeffer
ggf. Paprikapulver
o. Cayennepfeffer

Zubereitung Hackbällchen:

- Zwiebel im Mixtopf **5 Sek./Stufe 5** zerkleinern.
- Restliche Zutaten zugeben und **1 Min./Teigstufe** kneten.
- Aus der Masse kleine Bällchen (Golfballgroß) formen und in einer Pfanne mit Öl braten.

Zubereitung:

- Käse im Mixtopf **15 Sek./Stufe 5** reiben. Umfüllen.
- Bohnen absieben und in eine Auflaufform geben.
- Zwiebel und Knoblauchzehe in den Mixtopf geben und **5 Sek./Stufe 5** zerkleinern.
- Paprika hinzufügen und **4 Sek./Stufe 5** zerkleinern.
- Tomatenmark, Tomaten und Gewürze zugeben und **8 Min./ 🥄/100°C/Stufe 2** aufkochen.
- Die Chilimasse in die Auflaufform geben und mit den Bohnen vermischen. Hackbällchen (Rezept s. unten) darauf verteilen. Schmand in Klecksen daraufgeben.
- Tortilla-Chips darauf verteilen und mit dem geriebenen Käse bestreuen.
- Im vorgeheizten Backofen bei 175°C Heißluft ca. 20 Min überbacken.

Tortellini-Nudelgratin

Für 6
Personen

Zutaten:

500 g Tortellini
500 g Hörnchennudeln
200 g Schinken, in Würfel
geschnitten
1 Dose Champignon-
Miniköpfe
300 g Käse, in Stücken
100 g Frühlingszwiebeln,
in Stücken
200 g Paprika, in Stücken
(rot und/oder gelb)
200 g Zucchini, in Stücken
1 Dose stückige Tomaten,
400g
1 EL Gemüsebrühe
½ TL Pfeffer
1 EL italienische Kräuter
250 g Mascarpone

Zubereitung:

* Nudeln nach Packungsanweisung bissfest garen, absieben und mit dem Schinken und den Champignons in eine große Auflaufform geben.
* Käse im Mixtopf **15 Sek./Stufe 5** reiben und umfüllen.
* Frühlingszwiebel in den Mixtopf geben und **5 Sek./Stufe 5** zerkleinern.
* Paprika und Zucchini hinzufügen und **3 Sek./Stufe 5** zerkleinern.
* Tomaten, Gemüsebrühe, Pfeffer und ital. Kräuter zugeben und **7 Min./100°C/Stufe 1** kochen.
* Mascarpone hinzugeben und **4 Sek./ ⟲ / Stufe 3** vermengen.
* Sauce über die Nudeln geben und gut durchrühren. Mit dem geriebenen Käse bestreuen und im vorgeheizten Backofen 200°C ca. 15 Min. überbacken.

■ Schnitzelauflauf

Für 8 Personen

Zutaten:

8 Putenschnitzel, paniert
3 Zwiebel, halbiert
1 EL Öl
2 Gläser Champignons
in Scheiben (je 280 g)
500 g Speckwürfel
Je 1 TL Salz und Pfeffer
400 g Sahne
400 g Milch

Zubereitung:

- Schnitzel halbieren und in einer Pfanne mit Öl braten. Beiseite stellen.
- Zwiebeln im Mixtopf **5 Sek./Stufe 5** zerkleinern. Öl zugeben und **2 Min./Varoma/Stufe 1** dünsten.
- Champignons, Speck, Salz und Pfeffer zugeben und **4 Sek./Stufe 3** vermengen.
- Schnitzel im Wechsel mit der Masse aufrecht in eine Auflaufform schichten.
- Zum Schluss Sahne und Milch über den Auflauf gießen und im vorgeheizten Backofen bei 180°C Heißluft ca. 30 Min. backen.

Tipp: Servieren Sie dazu Reis oder Baguette oder einfach nur Salat.

Sauerkrautkuchen

Ergibt
1 Blech

Zutaten Teig:

50 g Öl
½ Würfel Hefe
180 g Wasser, lauwarm
1 TL Salz
400 g Mehl

Zutaten Belag:

250 g Hartkäse, in Stücken
2 Zwiebeln, halbiert
1 EL Öl
1 Dose Sauerkraut 400 g
(für Zubereitung in nur
3 Minuten)
250 g Speckwürfel
200 g Saure Sahne
2 Prisen Pfeffer

Zubereitung:

- Käse im Mixtopf **15 Sek./Stufe 5** reiben. Umfüllen.
- Öl, Hefe, Wasser und Salz in den Mixtopf geben und **10 Sek./Stufe 4** verrühren.
- Mehl hinzufügen und **1 Min./Teigstufe** verarbeiten.
- Teig auf einem leicht eingeölten Backblech ausrollen und 10-15 Min. gehen lassen.
- Zwiebeln im Mixtopf **5 Sek./Stufe 5** zerkleinern. Öl hinzufügen und **2 Min./Varoma/Stufe 1** dünsten.
- Sauerkraut, Speckwürfel, Saure Sahne und Pfeffer zugeben und **10 Sek./Stufe 4** vermengen.
- Masse auf den Teig geben, mit Käse be-streuen und im vorgeheizten Backofen bei 220°C Heißluft ca. 15-20 Min. backen.

4 kleine
Gläser

für 6
Personen

■ Latte-Macchiato-Becher

Zutaten:

200 g Sahne
500 g Milch
1 P. Puddingpulver
Sahnegeschmack
3 EL Zucker
1 EL löslicher Kaffee
Kakao zum Bestäuben

Zubereitung:

- Sahne mit Hilfe des Rühraufsatz auf **Stufe 3** steif schlagen. Umfüllen. Rühraufsatz entfernen.
- Milch, Puddingpulver und 2 EL Zucker **3 Sek./Stufe 10** vermischen, **7 Min./100°C/Stufe 2** kochen.
- Die Hälfte des Puddings in 4 kleine Gläser füllen. Zum restlichen Pudding den löslichen Kaffee und 1 EL Zucker zugeben. **10 Sek./Stufe 4** vermischen und auf 37°C abkühlen lassen.
- 100 g geschlagene Sahne hinzufügen und **8 Sek./Stufe 4** vermischen.
- Auf den Pudding in die Gläser geben und mit restlicher Sahne und Kakaopulver dekorieren.

■ Kokos-Himbeer-Traum

Zutaten:
200 g Sahne
1 P. Konfekt (Kokoskugeln 230g)
500 g Magerquark
40 g Zucker
1 P. Vanillinzucker
300 g Himbeeren (TK)
Etwas Kakaopulver

Zubereitung:

- Sahne mit Hilfe des Rühraufsatz auf **Stufe 3** steif schlagen. Umfüllen. Rühraufsatz entfernen.
- Kokoskugeln **5 Sek./Stufe 5** zerkleinern.
- Die geschlagene Sahne, Quark, Zucker und Vanillezucker hinzufügen und **20 Sek./Stufe 4** mit Hilfe des Spatels vermengen.
- Mit den gefrorenen Himbeeren in eine Glasschüssel oder kleine Gläser im Wechsel schichten und mit einer Kokoskugel und etwas Kakaopulver garnieren.